SOCIÉTÉ D'ENCOURAGEMENT
POUR L'INDUSTRIE NATIONALE
FONDÉE EN 1801,
RUE DE RENNES, 44, A PARIS.

INAUGURATION

DE

L'HOTEL DE LA SOCIÉTÉ

SÉANCE DU 11 DECEMBRE 1874

PRÉSIDENCE DE M. DUMAS

SECRÉTAIRE PERPÉTUEL DE L'ACADÉMIE DES SCIENCES, PRÉSIDENT.

PARIS
IMPRIMERIE DE MADAME VEUVE BOUCHARD-HUZARD,
RUE DE L'ÉPERON, 5.
1875

INAUGURATION

DE

L'HOTEL DE LA SOCIÉTÉ

SÉANCE DU 11 DECEMBRE 1874

PRÉSIDENCE DE M. DUMAS

SECRÉTAIRE PERPÉTUEL DE L'ACADÉMIE DES SCIENCES, PRÉSIDENT.

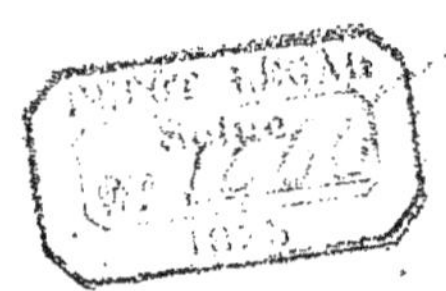

PARIS

IMPRIMERIE DE MADAME VEUVE BOUCHARD-HUZARD,

RUE DE L'ÉPERON, 5.

1875

INAUGURATION

DE

L'HOTEL DE LA SOCIÉTÉ.

La Société d'encouragement pour l'industrie nationale a repris, le 11 décembre 1874, le cours de ses séances bi-mensuelles, qui avaient dû être ajournées pour l'achèvement des travaux de restauration et d'agrandissement de son hôtel.

Cette séance, véritable inauguration, avait attiré un nombreux public, curieux d'assister à une réouverture depuis longtemps attendue dans le monde industriel. Au milieu de la grande salle des réunions était exposée une splendide collection des produits de la manufacture nationale de Sèvres, qui attirait tous les regards.

Le fauteuil de la présidence était occupé par M. Dumas, président de la Société, secrétaire perpétuel de l'Académie des sciences. A ses côtés siégeaient MM. Balard, de l'Institut, l'un des vice-présidents, Eugène Peligot, de l'Institut, et Laboulaye, secrétaires du Conseil de la Société; enfin M. Goupil de Préfeln, trésorier.

Après la lecture des pièces de la correspondance, l'allocution suivante a été prononcée par M. Dumas aux applaudissements réitérés de toute l'assemblée.

ALLOCUTION

PRONONCÉE PAR M. DUMAS.

« Messieurs, aujourd'hui que la Société d'encouragement reprend le cours de ses séances, au milieu d'une installation rajeunie et complétée, il n'est pas inutile de remettre en lumière quelques points de l'histoire de cette institution et de replacer sous les yeux un tableau des services qu'elle n'a cessé de rendre depuis sa création.

« Née au commencement de ce siècle, en 1801, elle s'est constituée sur un modèle simple et bien conçu, si bien conçu, que toutes les sociétés venues après elle n'ont rien trouvé de mieux que de la copier. Réunir un certain nombre de personnes animées d'un même amour pour les progrès de la science et pour la prospérité de l'industrie et leur demander de souscrire une cotisation annuelle, constituer un Conseil d'administration à l'élection duquel prennent part tous les souscripteurs, tel est le mécanisme de l'institution, et c'est ainsi qu'il fonctionne depuis soixante-treize ans. C'est, en un mot, une association libre, gérant elle-même ses affaires suivant un mode dont l'introduction est due à M. le comte de Lasteyrie, qui a contribué, avec un zèle heureux, à la création de tant d'autres institutions et à qui la France doit le développement d'un grand nombre d'industries, parmi lesquelles il faut citer, avant tout, la lithographie.

« Indépendamment de cette formule pratique, il en est une autre qui a également concouru à la formation et au succès de la Société d'encouragement. On s'est dit : une association destinée à provoquer le mouvement de l'industrie doit s'appuyer sur la science; ce mouvement ne peut être inspiré et réglé que par la science, et c'est ainsi qu'on trouve au début de notre institution et parmi ses fondateurs les grands noms de Laplace, Monge, Coulomb, Chaptal, Benjamin Delessert, Berthollet, Montgolfier, Périer, Huzard, de Candolle appartenant à la science, autour desquels viennent se grouper ceux des représentants de l'industrie ou de l'administration pour fonder l'œuvre nouvelle, c'est-à-dire une association où la science sert de fanal à l'industrie. On sait les résultats qu'a produits cette admirable alliance. Elle s'est si bien perpétuée, que Chaptal a conservé la présidence de l'œuvre depuis son origine jusqu'en 1832, et Thenard, qui est venu après lui, jusqu'en 1845. Celui qui a succédé à Thenard, et qui a l'honneur de vous présider aujourd'hui, occupe le fauteuil depuis près de trente ans. A l'exception de M. Huzard, qui est toujours resté, malgré son âge, si fidèle à nos séances, il est, je crois, le plus ancien des membres du Conseil, dans lequel il compte quarante-cinq ans de services. La Société a voulu perpétuer en ma personne ce signe sensible du rôle que la science doit jouer dans l'industrie, je l'en remercie; il m'a été doux de me voir constamment maintenu, par les mêmes suffrages, dans une situation où votre confiance et mes efforts n'ont pas été sans produire d'heureux résultats, et je continuerai à me consacrer, à me dévouer à vos intérêts jusqu'au moment, qui s'approche, où l'heure de la retraite viendra sonner.

« Examinons maintenant quels sont les moyens à l'aide desquels la Société a rempli sa mission. Ces moyens sont de deux sortes :

« C'est d'abord une publication mensuelle qui contient les rapports des différents comités, approuvés par le Conseil, des chroniques destinées à faire connaître les découvertes et procédés pouvant intéresser l'industrie et le commerce, enfin des mémoires, des extraits de voyages et des descriptions de machines. Cette publication, que tout le monde connaît, à laquelle la Société n'a pas consacré moins de 1 500 000 francs, et qui s'est continuée sans interruption depuis son origine, ne compte pas moins aujourd'hui de 73 volumes in-4, renfermant ensemble plus de 1 500 planches gravées avec le plus grand soin, et représentant des machines ou des appareils nouveaux ou perfectionnés.

« Le second moyen, ce sont les récompenses et les secours que la Société décerne aux industriels et aux inventeurs ; or, depuis 1801, la somme qu'elle a consacrée aux prix, médailles et pensions qu'elle a distribués ne s'élève pas à moins d'*un million*.

« En résumé, depuis son origine et au moyen de la seule cotisation annuelle de ses membres, la Société a recueilli une somme de près de 3 1/2 millions qu'elle a consacrée entièrement aux progrès de l'industrie.

« Au nombre des prix que la Société a décernés, il en est qui sont plus particulièrement caractéristiques, soit par la nature même de l'objet qu'ils concernent, soit par l'importance et la notabilité des hommes auxquels ces récompenses ont été accordées.

« Parmi les secours qu'elle a donnés aux industriels, signalons de suite le premier, car il honore à la fois l'homme qui en a été l'objet et la Société elle-même qu'il associe à l'une des plus grandes découvertes de l'époque. N'est-il pas, en effet, touchant de rappeler que, alors qu'elle n'avait dans sa caisse que la somme de 2 000 francs, elle est venue au secours de l'industrie de la soude artificielle et de son inventeur, l'infortuné Leblanc dont les malheurs sont bien connus ?

« A l'époque de la révolution américaine, l'exploitation des forêts de ce vaste pays cessa tout à coup ; or les cendres provenant de la combustion du bois étaient alors la seule source qui fournît la potasse. Qu'allait devenir la fabrication du verre, du savon et de tant d'autres industries auxquelles cet alcali donnait la vie? L'Académie des sciences démontra qu'à défaut de potasse que la France ne produisait pas, on pouvait prendre la soude et qu'il fallait la chercher dans le sel marin, c'est-à-dire dans une source inépuisable. C'est ce problème qu'a résolu Leblanc, et l'on en comprend l'importance, car, sans cette solution, les plus grandes industries de la civilisation moderne et la civilisation elle-même eussent été arrêtées dans leur essor. La fatalité voulut que Leblanc fût, pour l'exploitation de son invention, l'associé de la famille d'Orléans, dont les biens avaient été séquestrés ou confisqués. L'usine de la Franciade où se fabriquait la soude ayant eu le même sort, il se trouva bientôt sans ressources pour continuer ses travaux et tirer parti de sa découverte. La Société d'encouragement fit alors pour lui tout ce qu'elle pouvait : elle vida entre ses mains sa modeste caisse ; effort impuissant, puisque Leblanc est mort dans la détresse. Effort, cependant, dont il lui est permis de s'honorer et dont, malgré elle, le fils de l'infortuné Leblanc voulut la rembourser sur les premiers produits de son travail.

« Plus tard, c'est Jacquart au secours duquel vient notre institution. On connaît son admirable invention, adoptée dans tous les pays du monde, et sans laquelle la fabrication de nos tissus et de nos étoffes les plus merveilleux serait impossible.

« Si nous fouillons plus loin dans nos annales, nous trouvons le nom de Philippe de Girard, auquel la Société est également venue en aide. C'est en Pologne qu'il avait résolu le problème de la filature mécanique du lin, que n'avaient pas tardé à s'approprier les Anglais. Il vint un jour où son invention lui fut contestée, où il allait être dépouillé du fruit de ses pénibles recherches, lorsque la Société, reprenant ses brevets et les étudiant avec soin, se fit juge de la question et démontra victorieusement les droits incontestables de Philippe de Girard à la reconnaissance du monde.

« Je ne voudrais pas prolonger ces citations ; et cependant se souvient-on qu'il y a trente ans nous ne connaissions pas les verres colorés, doublés à deux ou trois couches, ou les verres de gobeletterie peinte, ces admirables produits qui constituent, depuis longtemps, une importante industrie en Bohême? C'est la Société d'encouragement qui, en fondant des prix, démontra qu'il était possible de les imiter en France. J'avais, à cette époque, signalé dans le musée céramique de la Manufacture de Sèvres, heureuse création d'Alexandre Brongniart, de nombreux spécimens que je proposais pour modèles ; des études furent entreprises, et c'est un élève de l'École centrale,

M. de Fontenay, qui résolut le problème. Tout le monde connaît la grande fabrique de Baccarat et la collection si remarquable des spécimens que renferment, de nos jours, ses magasins. Eh bien, permettez que je rappelle qu'autrefois ces magasins étaient si pauvres en produits colorés, qu'à une demande que j'adressais pour voir où en étaient leurs verres de couleurs, on me répondit, avec un certain orgueil : *L'usine de Baccarat ne fait que du cristal blanc.* Aujourd'hui tout est bien changé, et l'on peut dire que c'est à ce même Baccarat qu'on trouve peut-être les modèles colorés les plus purs et les plus parfaits.

« Autrefois, en France, on ne faisait pas de verres pour les lunettes astronomiques. C'est encore en vue des prix fondés par la Société que l'on doit à MM. Guinand et Bontems d'avoir créé cette industrie dans notre pays, industrie bornée au début, mais que l'invention de Daguerre ne devait pas tarder à développer un jour, en lui demandant les nombreux objectifs dont elle a besoin et qui ont permis à cette fabrication de prendre le caractère d'un travail réglé et courant.

« Raphaël, le divin peintre, employait dans ses tableaux un bleu admirable, le bleu d'outremer. Ce bleu se payait littéralement au poids de l'or ; en effet, vendu dans des tuyaux de plumes, on le mettait d'un côté de la balance, tandis que de l'autre on équilibrait son poids avec de l'or en poudre. Eh bien, aujourd'hui, grâce à la Société, ce même bleu est devenu si commun, qu'on s'en sert pour peindre les fiacres et azurer le papier d'écolier. On l'extrayait autrefois d'une roche très-rare ; aujourd'hui on le fabrique artificiellement quand et comme on veut. C'est du procédé même de Leblanc, dont nous avons parlé tout à l'heure, qu'est surgie la solution du problème. On avait remarqué que, dans les fours à soude où s'exécutait ce procédé, certaines briques étaient colorées en bleu ; l'analyse chimique avait fait voir que cette couleur accidentelle était de véritable outremer. De là le prix fondé par la Société pour la découverte de l'outremer artificiel, de là le succès et la fortune de M. Guimet de Lyon, ancien élève de l'École polytechnique, qui remporta ce prix.

« On le voit, la Société d'encouragement n'a pas failli à sa tâche ; partant de la science, elle n'a pas cessé, depuis son origine, de montrer le chemin à l'industrie. Mais que d'efforts et que de temps dépensés avant que le travail du savant puisse être fécondé ! C'est grâce à la variété des prix mis au concours qu'on a vu Engelmann et Lemercier porter successivement l'art de la lithographie au point où il en est aujourd'hui ; c'est grâce encore à la Société que Niepce de Saint-Victor et Poitevin ont poursuivi avec succès des travaux d'où sont sortis les procédés actuels de la photographie, l'une des plus grandes et des plus curieuses inventions modernes.

« Enfin, je ne puis oublier qu'il fut un moment où la fabrication du sucre de betteraves, qui rend de si immenses services à l'agriculture, fut à la veille de disparaître. Pour équilibrer le budget, on proposait de la supprimer complétement et de frapper le sucre des colonies d'un impôt facile à percevoir dans les ports. La mesure allait être prise, les fabricants de sucre de betteraves, découragés, consentaient à céder leurs établissements à l'État qui les détruirait, quand la Société d'encouragement fut assez heureuse pour démontrer que cette suppression était la ruine de l'agriculture. La sucrerie indigène fut sauvée et, quelque temps après, l'arrondissement de Valenciennes, où l'industrie du sucre de betteraves avait débuté, démontrait irréfutablement les immenses avantages qu'offre à l'agriculture cette industrie qui permet la culture biennale (betteraves et blé alternants). Autrefois, le département du Nord était obligé d'importer du blé et du bétail; aujourd'hui qu'il fabrique annuellement pour 25 millions de sucre, il fait plus de blé et de viande qu'il n'en peut consommer. Voilà donc encore une grande industrie assurée à la France par la Société d'encouragement, et complétée plus tard, grâce à elle, par la distillation de la betterave, dont les procédés pratiques ont été indiqués par M. Champonnois, l'un des lauréats de nos grands prix.

« Terminons par un juste hommage aux personnes bienfaisantes qui ont apporté leur généreux concours à la Société.

« Citons d'abord M. Bapst, qui nous a légué une petite rente, grâce à laquelle les inventeurs malheureux reçoivent, chaque année, un modique secours qui les a plus d'une fois empêchés de mourir de faim, qui a toujours adouci leurs dernières années. Nous qui, depuis plus de quarante ans, sommes témoins des consolations que de pareils secours ont apportées à des vieillards dans la détresse, qui savons combien ils ont séché de larmes amères, et qui avons recueilli les témoignages de la reconnaissance des infortunés dont ils soulageaient les misères, nous pouvons remercier M. Bapst, et dire que, grâce à lui, la Société fait, chaque année, un bien dont elle aime à consacrer le souvenir. Je ne connais pas de tâche plus douce que celle qui nous a été imposée par le cœur noble et bien inspiré de M. Bapst.

« Citons ensuite M. Christofle, le grand industriel. M. Christofle a pensé aussi aux inventeurs ; il s'est dit que celui qui a une idée et qui désire se l'approprier n'a pas toujours les 100 fr. nécessaires à la prise d'un brevet. Or, vous représentez-vous la douleur d'un homme qui a fait une invention, qui désire en tirer profit, mais qui, n'ayant pas les moyens de se l'approprier, n'ose livrer son secret à personne, dans la crainte d'en être dépouillé ? Eh bien ! une commission spéciale reçoit la confidence des inventeurs, et, après examen, la Société, grâce à M. Christofle et à une petite somme qu'elle ajoute, au besoin, à la fondation qu'il a créée, se charge de payer la première et souvent la seconde annuité des brevets.

« L'invention, il va sans dire, ne réussit pas toujours ; mais aussi, quand le succès est obtenu, l'inventeur se souvient parfois que la Société n'est pas étrangère à sa petite fortune et vient lui rapporter avec reconnaissance les avances qu'elle a faites pour lui.

« Enfin, et c'est par là que je veux terminer, notre Société a reçu deux legs d'une grande importance, qui appellent notre reconnaissance et celle de toute l'industrie. Le premier, dont on a pu déjà tirer plusieurs fois parti, est le legs fait par le marquis d'Argenteuil, qui nous permet de décerner, tous les six ans, un prix de 12 000 francs à l'auteur de la découverte la plus utile au perfectionnement de l'industrie française. C'est un titre d'honneur et de gloire que de remporter ce prix, et, en citant Vicat, Chevreul, Heilmann, Sorel, Pasteur, Champonnois, c'est dire que la Société a rattaché, par ces grandes récompenses, à son histoire les noms les plus honorés de la science et de l'industrie. Espérons que, dans l'avenir, le prix d'Argenteuil sera toujours aussi envié, aussi dignement placé, et qu'il y aura, en France, de nouvelles illustrations auxquelles la Société sera heureuse de le décerner, et faites pour prendre place dans la glorieuse liste.

« Malgré les efforts que la Société n'a cessé de faire depuis son origine pour assurer sa durée, efforts qu'une existence de soixante-treize ans suffit amplement à justifier, faut-il le dire, nous ne serions peut-être pas, en raison de la mobilité des choses de ce monde, aussi tranquilles que nous le sommes sur son avenir, si nous n'avions, pour nous rassurer, notre second legs dû à l'admirable prévoyance du comte et de la comtesse Jollivet qui ont voulu que, pendant soixante ans, le quart en fût scrupuleusement capitalisé. Sans cette ressource importante, destinée à devenir disponible dans un très-petit nombre d'années, nous aurions hésité devant les dépenses que vient d'entraîner la restauration de l'hôtel de la Société, nécessitée par les alignements de la place Saint-Germain-des-Prés.

« Nous comptons, comme par le passé, cependant, sur le concours actif des amis de la science et de l'industrie, et nous espérons qu'il ne nous fera pas défaut. Si la Société a eu, au commencement de ce siècle, sa plus grande phase d'utilité, alors que la science de l'Angleterre était dans l'enfance et que l'industrie de l'Allemagne était encore à naître, ce n'est pas le moment d'oublier la voie tracée par nos pères, dans le champ aujourd'hui considérablement élargi où toutes les grandes nations se font concurrence, quand l'Angleterre se fait savante et artiste et que l'Allemagne développe la grande pratique. Grâce au mariage de la science et de l'industrie, dû aux soins de nos illustres fondateurs, le succès a toujours couronné nos efforts ; espérons que ni par nous, ni par nos successeurs ce mariage ne sera jamais suivi d'un divorce. »

DES BEAUX-ARTS APPLIQUÉS A L'INDUSTRIE,

PAR M. CH. LABOULAYE,

Secrétaire du Conseil.

« Notre honoré président, en inaugurant les nouvelles constructions de la Société d'encouragement, vient de retracer, comme il sait le faire, les principaux services qu'elle a rendus depuis sa fondation. Vous avez pu remarquer que leur caractère principal a été d'ordre technique, que ce sont des progrès dans les sciences chimiques, physiques, dans la théorie de la construction des machines qu'elle a surtout contribué à faire naître. Ce sera toujours la partie la plus considérable de l'œuvre de notre Société, mais qui ne saurait éprouver aucun préjudice de l'intérêt qu'elle pourra apporter au développement de l'art industriel, question capitale qui, depuis l'Exposition de 1851 surtout, préoccupe au plus haut degré toutes les grandes nations industrielles, qui ont reconnu qu'il était un élément fondamental de succès. Il a paru tout à fait convenable de profiter de l'inauguration d'une construction qui fait honneur au goût de notre habile architecte, pour affirmer cette extension des efforts de la Société d'encouragement, d'autant plus qu'au même moment une exposition des produits des manufactures nationales nous fournissait un magnifique sujet d'études.

« L'Art entre pour une grande part dans la production industrielle, et dans bien des cas d'une manière tout à fait prédominante. Pour les meubles, l'orfévrerie, les bijoux, par exemple, la bonne fabrication, la solidité ne suffit pas, il faut y joindre l'élégance, le charme qui en fait surtout la valeur. La science qui préside à l'élaboration des matières premières, qui fournit des méthodes rapides, économiques, pour transformer les produits bruts et les rendre utilisables, n'indique nullement les moyens de leur donner la forme agréable, la beauté qui les fait rechercher. L'œuvre échappe ici au savant, elle est du domaine de l'artiste; ce n'est plus la vigueur du raisonnement, c'est le sentiment de l'harmonie des formes et des couleurs qui vient indiquer la voie à suivre.

« Pour bien saisir comment, dans tout produit créé par le travail industriel, l'utilité et la beauté se combinent, il suffit de disposer en une série tous les objets similaires, en procédant des plus simples pour arriver à ceux dont la production exige le plus d'efforts de la part des producteurs les plus habiles.

« Voyez la céramique. Quelle distance entre les poteries grossières, qui ne valent que par leur utilité et leur extrême bon marché. et les œuvres justement célèbres de véritables artistes dont il va vous être parlé! Entre ces deux extrêmes, quelle multitude de vases de toute forme plus ou moins décorés, de services de table de tout genre !

« De même pour les tissus; à partir des toiles grossières, des étoffes les plus communes, une puissante industrie crée, avec toutes les variétés possibles de substances, de grosseur de fil, de mode d'entrelacement, avec toutes les ressources de la teinture et de l'impression pour varier les couleurs, une multitude d'étoffes de plus en plus élégantes. Parmi celles que la faveur publique a placées le plus haut, citons les belles étoffes de soie brochées qui font tant d'honneur à notre industrie lyonnaise, les cachemires de l'Inde, enfin les célèbres tapisseries des Gobelins et de Beauvais, sur lesquelles nous allons revenir.

« Ce que nous voulons indiquer ici et ce qui est indiscutable, c'est que la plupart des genres de fabrications se terminent ou peuvent se terminer par des œuvres d'une élégance, d'une richesse toute particulière, par de véritables œuvres d'art, dont la beauté frappe seule, faisant oublier en quelque sorte les procédés techniques employés pour les produire. Ils semblent échapper au domaine de l'industrie pour entrer dans celui de l'art; aussi, trop souvent des fabricants de produits de grande consommation ne s'en préoccupent pas.

« C'est là une erreur, et la création des plus belles œuvres que puisse engendrer un procédé donné de fabrication a une influence considérable sur toute l'industrie qui produit pour la grande consommation. Lorsqu'un héritier de Boule, lorsque Fourdinois ou Grohé font admirer à nos expositions un beau meuble d'un genre nouveau, non-seulement ils ont créé une œuvre remarquable qui ira orner le cabinet d'un riche amateur ou prendre place dans une galerie d'art industriel en Angleterre, mais ils ont souvent révolutionné la fabrication des meubles et changé le goût du public. Le faubourg Saint-Antoine, abandonnant des vieilles formes, en adopte, pour nombre d'œuvres demandées par les consommateurs, qui sont des variations de l'œuvre du maître, et ce sont ces changements qui font le succès de l'exportation de produits, dont des nations rivales ne reproduisent quelque temps que les formes démodées.

« On peut comprendre, par cet exemple, comment l'œuvre supérieure, réagissant de proche en proche sur celles de la même série industrielle, vient faire modifier les formes, les colorations de tous les produits de même ordre, a quelque influence souvent sur les plus simples, après avoir transformé immédiatement ceux qui se rapprochent de l'œuvre d'art qui a fortement impressionné le public, qui est devenue le type de l'élégance et de la beauté.

« La grande importance de créations de cet ordre, pour la prospérité de nombre d'industries, est évidente et démontre l'utilité des établissements dont elles peuvent sortir. Les ateliers de la petite industrie livrés à la production des objets à bas prix ne peuvent guère y songer ; les conditions de la plus grande perfection y sont difficilement réunies, le concours des artistes les plus habiles ne saurait y être sollicité et rémunéré. Les maisons de premier ordre, au point de vue surtout de l'élégance des produits de leur fabrication, peuvent seules laisser de côté la question du prix de revient pour s'illustrer par des œuvres hors ligne, pour réaliser les conceptions de l'artiste éminent et solliciter l'impulsion féconde que lui seul peut imprimer à une industrie.

« C'est le rôle qui échoit, dans notre pays, aux manufactures nationales, aux Gobelins et à Beauvais pour les tapisseries, à Sèvres pour la céramique, plus complétement encore qu'à nos grands établissements privés ; c'est la beauté et la perfection des produits qui est le seul but qu'elles aient à poursuivre, indépendamment de la question de dépenses, et, lorsqu'il est atteint, leur utilité pour les progrès de l'industrie justifie pleinement leur fonctionnement et les frais qu'elles occasionnent.

« Nous allons voir, par l'examen de l'Exposition des Champs-Élysées, combien elles ont dignement rempli leur mission.

Les produits des Manufactures nationales des Gobelins et de Beauvais à l'Exposition des Champs-Élysées.

« Dans toutes les Expositions universelles, nos fabriques nationales de tapisseries ont montré des produits qui ont été jugés supérieurs à ceux créés par l'industrie chez les diverses nations. Nous passerons rapidement en revue au point de vue de l'art industriel seulement (car les progrès techniques accomplis, dans la teinture surtout, sous la direction du savant M. Chevreul, seront analysés par un de nos collègues) les œuvres exposées aux Champs-Élysées, celles exécutées dans ces dernières années.

« Nous devons parler, en premier lieu, de la copie des tableaux de maîtres, œuvres d'une difficulté inouïe et pour lesquelles les Gobelins ne rencontrent pas de rivaux. Le *saint Jérôme* d'après le Corrége, et la *Charité* d'après André del Sarto, sont deux tableaux qui excitent l'admiration quand on pense à la difficulté vaincue, et lorsque la moindre imperfection dans la figure humaine est si choquante et si facilement observée.

« Si de semblables tours de force sont fort estimables pour apprécier la grande habileté des tapissiers capables de les exécuter, nous ne pensons pas que leur multiplication soit désirable. Ils dépassent évidemment le but qu'il est possible d'atteindre. C'est l'opinion de M. Chevreul. Voici ce qu'il dit dans son rapport sur la grande Exposition universelle de Londres en 1851.

« La tapisserie, ne pouvant triompher de la peinture, ne doit point user son
« temps à lutter avec elle en cherchant à reproduire des détails et des effets
« pour lesquels elle n'est pas faite.

« Rappelons que sa structure cannelée, que la forme filamenteuse de ses
« couleurs s'y oppose. Rappelons que ses ombres ne peuvent avoir la vigueur
« des ombres d'une peinture à l'huile, ni ses clairs l'éclat des blancs de celle-ci.
« Les extrêmes de contraste de ton se trouvent donc plus éloignés dans la
« peinture à l'huile que dans la tapisserie.

« Il importe, dans le choix des modèles propres à la tapisserie, d'avoir
« égard à ce fait et à l'impossibilité où l'on est de limiter les formes aussi
« bien qu'on le fait en peinture. La conséquence de cet état de choses est, au-
« tant que possible, que les modèles présentent des couleurs franches, et
« que les contrastes de couleurs et de tons concourent à rendre les formes

« distinctes à une distance où les cannelures et les sillons de la tapisserie
« disparaissent... »

« Ces observations du maître, qui le conduisent à demander la *reproduction
de modèles peints exprès pour faire valoir les qualités inhérentes à la tapisserie*,
paraissent s'appliquer heureusement au travail qui différencie le plus cette
exposition des précédentes, à savoir l'exécution des grands panneaux destinés
au salon du glacier de l'Opéra. Dessinés par M. Mazerolle, ils constituent la
décoration la plus riche, bien qu'exécutés sur des modèles d'un travail bien
plus large, bien plus simple que celui de la grande peinture. La *Pêche*, no-
tamment, nous paraît posséder une élégance, une harmonie de couleurs qui
en fait une œuvre pleine d'un charme particulier, appartenant en partie à la
substance employée et qui ne fait nullement penser à un tableau à l'huile
avec laquelle on voudrait la comparer. C'est reprendre la tradition des grands
maîtres des Flandres, qui demandaient des cartons à Raphaël et à Jules
Romain (qu'on admire aujourd'hui à Hampton-Court), mais qui ne copiaient
pas les tableaux à l'huile de ces grands artistes.

« Les tapis destinés à Fontainebleau par M. Dieterle sont dignes de la réputation de cet artiste distingué; les grandes palmes qui s'y développent
ont une grande richesse de coloris.

« C'est toujours par la tapisserie pour meubles que l'Exposition de la Manufacture nationale de Beauvais brille d'un éclat sans pareil, et les tapisseries
dues au talent de M. Chabal-Dussurgey atteignent, sous tous les rapports, la
perfection du genre. Les bouquets de fleurs se détachent sur un fond de couleur tendre, en produisant les harmonies de couleur les plus agréables
à l'œil.

« Nous devons remercier les artistes qui nous maintiennent une supériorité
non douteuse dans une fabrication fort intéressante non-seulement en elle-
même, mais parce qu'elle contribue puissamment aux succès de toutes les
grandes industries de l'ameublement, parmi lesquelles se rencontrent beaucoup de celles qui font le plus d'honneur à notre pays. »

RAPPORT

SUR LES PRODUITS DE LA MANUFACTURE NATIONALE DE SÈVRES À L'EXPOSITION
DES CHAMPS-ÉLYSÉES, PAR M. HENRI BOUILHET,

Membre du comité des arts économiques.

« Messieurs, M. le Directeur des Beaux-arts a voulu profiter de l'Exposition organisée, cette année, aux Champs-Élysées, par les soins de l'Union centrale, pour mettre sous les yeux du public les produits des Manufactures nationales, en même temps que les productions de l'art décoratif de nos grandes industries, estimant que cette exposition d'ensemble serait profitable à tous, aussi bien aux industriels qui les étudient et s'inspirent de leurs progrès, qu'aux Manufactures elles-mêmes, en leur indiquant le chemin qu'elles doivent suivre pour tenter de nouveaux efforts.

« La Manufacture de Sèvres a largement répondu à cet appel, en disposant dans le pavillon sud-ouest du Palais de l'Industrie ses plus récentes créations, destinées à montrer la voie nouvelle dans laquelle son honorable Administrateur, M. L. Robert, l'avait engagée depuis 1871.

« Déjà, l'année dernière, à l'Exposition de Vienne, les plus remarquables produits de la Manufacture avaient été exposés dans le Palais des Beaux-arts, et ces merveilles céramiques, habilement distribuées au milieu des meilleurs morceaux de la statuaire moderne, faisaient, avec les tableaux de notre École française, un ensemble inimitable qui attirait le public, captivait l'attention et laissait au visiteur charmé un souvenir aimable de cet art français auquel nous avons dû une partie des succès de l'Exposition.

« L'heureuse inspiration qui avait poussé M. du Sommerard à décorer les salons des Beaux-arts de produits céramiques dont les formes et les couleurs se mariaient harmonieusement aux œuvres peintes, sculptées ou fondues de nos artistes, avait trouvé son résultat pratique pour Sèvres qui, n'exposant pas comme manufacture, avait cependant été jugé digne par le Jury international de la grande médaille d'honneur.

« Ce sont ces produits qui, plus nombreux et réunis dans un ensemble plus méthodique et plus complet, montrant tous les genres de fabrication pratiqués à Sèvres, sont exposés aujourd'hui aux Champs-Élysées.

« La Société d'encouragement pour l'industrie nationale a pensé, qu'elle ne pouvait plus dignement inaugurer le nouvel hôtel qu'elle vient de construire qu'en étudiant une manufacture renommée depuis plus d'un siècle, et dont les produits répandus dans le monde entier, dans les demeures princières comme dans les cabinets des amateurs, ont porté si haut et si loin l'influence du goût de notre pays.

« Votre commission des Beaux-arts a désiré me charger de ce soin; je m'en acquitte aujourd'hui, mais en redoutant de ne point faire ressortir assez les enseignements que nos industriels et nos artistes peuvent tirer d'une telle production. Je me serais arrêté dans ma tâche, si je n'avais pensé que la vue des pièces exceptionnelles que la Manufacture de Sèvres a exposées dans la salle de vos séances suppléerait à ma faiblesse, et parlerait plus haut à vos yeux que mes éloges ou mes descriptions à vos oreilles.

« Les produits exposés par la Manufacture appartiennent à plusieurs ordres de fabrication qui sont tous créés et perfectionnés à Sèvres, ou y ont reçu des développements remarquables. Ce sont des porcelaines de deux natures différentes, pâte tendre et pâte dure, et des émaux sur métal.

« Les porcelaines en pâte tendre ou vieux Sèvres, qui firent, pendant de longues années, sa gloire et établirent sa réputation, avaient été abandonnées au commencement de ce siècle; leur fabrication, reprise vers 1850 sous la direction de M. Ébelmen, s'y continue avec succès.

« Sa pâte est un produit artificiel, dans la composition de laquelle entre une *fritte*, sorte de verre imparfait composé d'un mélange de sable, de nitre, de plâtre, d'alun et de sel marin; broyée et lavée, puis additionnée de marne et de craie.

« Sa glaçure est un cristal formé de sable, de minium et d'alcalis, fondu, puis broyé pour en faire une bouillie épaisse dans laquelle on trempe les pièces cuites en biscuit.

« Son caractère propre est de recevoir des fonds de couleurs très-éclatants, des bleus de roi, des bleus turquoise, des verts, des roses, des violets que la porcelaine dure ne peut obtenir avec le même éclat.

« Les peintures, à sa surface, sont très-brillantes et présentent un glacé parfait; malheureusement la porcelaine tendre est rayable, ce qui limite son emploi comme porcelaine d'usage, mais lui laisse un vaste champ pour les œuvres décoratives de la peinture dans lesquelles elle est sans rivale, et bien supérieure à la porcelaine dure.

« La porcelaine dure, au contraire, est essentiellement obtenue avec des produits naturels.

« Son type est la porcelaine de la Chine et du Japon dont la fabrication, dans ces pays lointains, remonte à une haute antiquité.

« Le kaolin (argile plastique blanche résultant de la décomposition naturelle du feldspath), qui sert de base à la pâte de la porcelaine dure, n'a été trouvé, en Europe, que vers 1709, et utilisé pour la première fois à Meïssen, en Saxe, et cette précieuse matière, rendue inaccessible par des édits sévères qui en empêchaient l'exportation, serait restée, longtemps encore, soustraite à notre activité manufacturière, si le hasard n'en avait fait découvrir des quantités considérables aux environs de Limoges, en 1765.

« Sa pâte est formée de kaolin broyé et lavé, puis mélangé de sable et de craie ; cette addition est nécessaire pour obtenir, par la chaleur excessivement intense que l'on développe dans les fours de cuisson, un commencement de fusion qui détermine la transparence, caractère fondamental de la porcelaine.

« Sa glaçure ou couverte est le résultat de la transformation, par la cuisson, d'une autre roche naturelle (la pegmatite), en un verre très-dur qui forme un vernis transparent en s'incorporant à la pâte.

« La porcelaine dure est très-résistante et peut aller au feu ; cette propriété en fait une matière inappréciable pour la fabrication des pièces d'usage domestique ; son inaltérabilité la rend précieuse pour les laboratoires, et la facilité avec laquelle on peut la mouler en formes variées, modifier sa couleur en y incorporant des oxydes métalliques ou la revêtir de peintures brillantes, lui assigne une place à part parmi les matières décoratives.

« Sèvres fait aussi des émaux sur métal à la manière des anciens émaux de Limoges. Le cuivre est le métal le plus ordinairement employé comme subjectile. La couverte, qui est formée par des émaux opaques ou transparents, colorés par de petites quantités d'oxydes métalliques, en fait un véritable produit céramique dont nous avons vu, avec plaisir, la Manufacture continuer la fabrication, en augmentant les dimensions des nouvelles pièces exposées.

« La faïence ne se trouve pas, cette année, dans l'Exposition des Champs-Élysées ; son absence nous fait regretter l'abandon d'une fabrication intéressante. Quels que soient les progrès de l'industrie privée dans cette voie, et les trouvailles heureuses de nos compatriotes, les recherches continuelles et les efforts de nos voisins d'outre-mer font à la Manufacture un devoir de ne pas laisser oublier les succès qu'elle avait déjà obtenus, et les traditions de ses artistes.

« Pour faire ressortir les résultats acquis par la direction actuelle, pour tirer

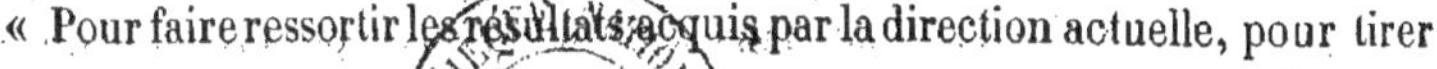

des effets décoratifs nouveaux des moyens dont elle dispose, il est nécessaire d'arrêter un instant l'attention du Conseil sur les progrès de la fabrication et sur les procédés que les différents Administrateurs de la Manufacture, Brongniart, Ébelmen et M. V. Regnault, avaient successivement mis au jour et conduits à leur perfection; mais n'oublions pas qu'ils sont dus surtout à cette méthode générale d'expérimentation et de recherches adoptée à Sèvres pour l'ensemble de ses travaux, et dont on trouverait difficilement ailleurs un plus complet exemple.

« Poser, comme énoncé du problème à résoudre, la solution déjà trouvée; prendre, pour point de départ du progrès à accomplir, le progrès acquis déjà; poursuivre toujours le mieux après avoir atteint le bien, tel fut le principe de cette admirable méthode de travail que les Administrateurs de la Manufacture ont créée et su maintenir par leur vivifiant exemple, et qu'à tous les degrés de l'échelle, savants, artistes, chefs et ouvriers, ont prise pour règle de conduite dans leur travail journalier.

Coulage des grandes pièces.

« On sait que ce procédé consiste à faire arriver dans un moule en plâtre la pâte liquide qui sèche au contact de la paroi absorbante du moule, puis à faire écouler l'excédant dès que l'épaisseur de la pâte raffermie paraît suffisante; c'est ainsi que sont faites ces coupes si légères que l'on nomme «coquille d'œuf.» Mais, lorsque les vases sont de grande dimension, ce procédé n'est plus praticable; la pâte, en effet, se détache du moule, et se trouvant ainsi abandonnée à elle-même sans autre soutien que son adhérence naturelle, s'affaisse sous son propre poids, surtout pour certaines formes.

« L'emploi de l'air comprimé a permis de remédier à cet inconvénient. Dès qu'on avait fait écouler la barbotine du moule, on comprimait de l'air à l'intérieur, et l'excès de pression maintenait la pâte en forme jusqu'à solidification.

« Mais ce procédé ne réussissait pas avec toutes les pâtes; de plus, il était dangereux, car il était difficile de donner aux moules en plâtre une résistance suffisante.

« On eut alors l'idée de remplacer la pression intérieure par le vide extérieur. Le moule, placé sous une grande cloche en tôle lutée haut et bas sur ses bords et sur la plaque de fonte qui lui sert de support, reste ouvert à sa partie supérieure. Le vide étant fait dans la cloche, l'excès de pression qui en résulte à l'intérieur du moule applique et maintient en place la pâte jusqu'à son durcissement.

« L'installation est plus simple, l'ouvrier peut suivre le travail, et les moules n'ont plus à résister à des excès de pression qui risquaient de les détruire.

« Ainsi perfectionné, ce procédé répond à toutes les questions, et permet de couler avec succès les plus grandes pièces de porcelaine dure, comme il permet d'exécuter les pièces difficiles de pâte tendre dont la plasticité est beaucoup moins grande.

Pâtes colorées et Sculpture sur pâte.

« La blancheur de la pâte à porcelaine est une de ses qualités les plus recherchées, et nulle part cette qualité n'est exaltée à un plus haut degré que dans la porcelaine de Sèvres.

« Mais les procédés de décoration seraient restreints à la peinture, si la science n'avait apporté son concours à la recherche de nouveaux moyens, pour en varier les effets. L'intervention des pâtes colorées est venue ajouter de fécondes ressources aux procédés de décoration, en permettant, par la superposition de pâtes blanches sur des fonds colorés ou de pâtes de différentes couleurs travaillées par le sculpteur à l'état cru, d'obtenir des pièces sortant du grand feu complétement décorées.

« L'application de pâtes blanches se fait ordinairement sur la forme de porcelaine en pâte colorée, ou recouverte d'un engobe de couleur, au moyen du pinceau, puis, avec l'ébauchoir et la râpe, l'artiste précise les contours, modèle les épaisseurs, sculpte enfin un véritable bas-relief.

« Après une première cuisson au dégourdi, la pièce est trempée dans la glaçure et soumise à un dernier feu. Les parties minces, en fondant, laissent transparaître le fond et accusent le modelé.

« Lorsque la pâte est blanche, le dessin s'enlève sur les fonds de couleur et produit l'effet d'un camée à deux couches gravé sur pierre dure.

« Lorsque la pâte est colorée, le sculpteur devient peintre en même temps, et son mérite croît avec les difficultés du travail, et l'exiguïté des ressources que lui présente le petit nombre de couleurs résistant à la haute température de la cuisson de la porcelaine.

« C'est là un grand progrès auquel la Manufacture a appliqué son esprit de recherches savantes et de traditions artistiques; la difficulté était de trouver des pâtes colorées pouvant se comporter au feu comme les pâtes blanches, et susceptibles de recevoir la même glaçure. Le problème a été heureusement résolu, mais non sans de grandes recherches et de longs tâtonnements.

Intervention des feux d'oxydation et de réduction.

« Les oxydes métalliques peuvent donner des couleurs différentes suivant la nature d'atmosphère que l'on produit pendant la cuisson. Ainsi, l'oxyde de chrome, dont on doit à la Manufacture la première application pour augmenter la palette si restreinte des couleurs de grand feu, introduit dans la pâte en faible proportion, donne le vert céladon de Sèvres au sein d'une atmosphère neutre.

« Il tire sur le bleu clair dans une atmosphère réduisante, parce qu'il est à l'état de protoxyde; avec un courant d'air, il se suroxyde, prend une coloration plus ou moins verte avec des reflets roses, et devient presque pourpre à la lumière artificielle.

« L'oxyde d'urane donne des nuances variant du jaune clair au brun foncé et même au noir, suivant que l'atmosphère est oxydante ou réduisante.

« Des dispositions très-simples et très-pratiques ont permis de produire ces diverses atmosphères au point voulu, et souvent dans le même four on peut obtenir la cuisson des pâtes blanches ou colorées diversement.

Peintures en couleurs demi-grand feu.

« C'est à Sèvres, enfin, qu'ont été obtenues ces peintures sur porcelaine dure, dites au *demi-grand feu*, dont les qualités de glacé et d'éclat peuvent presque rivaliser avec les plus belles peintures sur pâte tendre.

« En modifiant la composition des couleurs et en cherchant des fondants qui ne réagissaient pas les uns sur les autres, M. François Richard est arrivé à composer une palette assez riche pour exécuter la peinture de fleurs.

« Un artifice habile a permis aussi d'obtenir les couleurs d'or qui, lorsqu'elles sont minces, paraissent grises dans la grande lumière; une matière inerte, le biscuit de porcelaine, broyée et mélangée, peut se colorer en rose à une forte chaleur. On l'emploie comme oxyde pour l'ajouter aux fondants, et on obtient de belles couleurs roses qui rendent de grands services dans la peinture des chairs et des fleurs.

« La découverte, la mise en œuvre et le perfectionnement continu de ces divers procédés ont rendu possible l'exécution des pièces exceptionnelles qui, dans l'exposition des Champs-Élysées, commandent l'attention.

« Nous vous demanderons la permission d'arrêter un instant vos regards sur les œuvres qui nous ont paru les plus remarquables, laissant de côté celles qui, plus rares, présentent des erreurs de goût, et qui, malgré l'effet incomplet ou manqué, n'en sont pas moins des types de bonne fabrication et de travail soigné. Convaincu, du reste, que ces erreurs qui ne nous ont pas seul frappé sont encore un enseignement, car la mise au grand jour d'une Exposition qui appelle le public à juger les signale et empêche ceux qui les ont faites d'y retomber, ceux qui les étudient, de les imiter.

« Une des tendances qui se manifeste le plus évidemment dans cette Exposition, c'est d'obtenir le maximum d'effet de la décoration par la cuisson au grand feu de porcelaine, de manière à produire une pièce éminemment céramique. Les ressources sont plus limitées, mais le mérite est plus grand si l'effet désiré a été obtenu.

« Dans cet ordre d'idées, nous citerons : les pièces marbrées comme le vase Fulvy, ou jaspées comme le vase Duplessis. Cette dernière pièce est tout à fait remarquable, et sa forme élégante, évidée par des cannelures creuses où montent des culots en pâte blanche, s'accommode bien de la simplicité du décor.

« Puis, le vase Torchère, dont le fond jaspé bleu et vert est décoré de grandes fleurs bleuâtres, rehaussées d'or à reflets changeants, dues au pinceau de M. Cabau.

« Le vase Cordelier, dont l'uniformité du fond blanc est rompue par des épaisseurs variables de pâtes obtenues à l'éponge, est décoré de grandes fougères et de papillons bleus de deux tons et rehaussés d'or peints par M. Ficquenet qui en a fait un beau spécimen de large décoration.

« Le vase Potiche est encore un exemple de l'effet produit par la pâte à fond rompu. Un fin vermiculé gravé sous la couverte fait vibrer la lumière à la surface, sur laquelle M. Ficquenet a jeté discrètement et avec goût des tiges légères de graminées et de folle avoine entremêlées de branches de vigne vierge et de houblon.

« Le procédé dit *pâte sur pâte* a reçu de grands développements. Les premières pièces exécutées par ce procédé ont paru, en 1850, dans une exposition faite au Palais-Royal, où l'on voyait, dit le Livret, « des vases décorés avec « des ornements en pâtes différemment colorées sous la couverte de la por-

« celaine, procédé imaginé et suivi par M. Louis Robert, chef des ateliers de
« peinture. »

« Depuis, leur succès a été toujours grandissant, et l'industrie privée les a
appliqués dans une large mesure.

« Sans reproduire les aimables compositions de figures et d'ornements qui
firent remarquer M. Solon Miles, transfuge de la Manufacture que l'Angleterre nous a enlevé, sans lui faire retrouver ses succès, l'Exposition d'aujour-
d'hui nous montre que, dans les mains d'un artiste de valeur comme
M. Gély, ce procédé peut produire des effets nouveaux.

« Nous n'en voulons pour preuve que les nombreuses pièces exécutées par
cet artiste : les vases Bertin, par exemple, sur lesquels un paon magnifique
déploie sa longue queue, diaprée de vert mordoré et de bleu lapis, tandis
qu'une branche couverte de cerises colorées en rose par le chromate d'alu-
mine l'enlace, en égayant le fond céladon de ses reflets pourprés ;

« Les jardinières, dont les cartels ornés de sujets tirés des fables de La Fon-
taine sont traités par le même artiste avec une fantaisie et une originalité
qui en font de véritables pièces de collection. »

« Des figures exécutées avec une grande liberté d'allure sur le vase Clodion
par un autre artiste de grand talent, M. Gobert, ont ces qualités inappréciables
d'une vive et brillante esquisse, qui arrêtent et séduisent les regards.

« Les mêmes procédés ont permis à M. Paul Avisse de produire une des pièces
les plus remarquables de l'Exposition. Je veux parler d'une grande jatte
indienne, sur le fond de laquelle volent des papillons, grimpent des branches
de lierre, s'enlacent des roses trémières blanches en pâte rapportée, dont les
feuilles vertes, exécutées en à plats de plusieurs tons cernés d'un filet noir,
rappellent heureusement, sans les copier, ces décorations orientales qui n'ad-
mettent que les tons francs sans modelé, sans nuance, sans perspective, mais
qui tirent toute leur valeur de leur rapport ou de leur contraste.

« Cette jatte, soutenue par un beau pied en bronze florentin, nuancé d'or
sur les vives arêtes, montre que les bronzes, dont la fabrication et la monture
sont toujours très-soignées à Sèvres, sont nécessaires pour compléter un ensemble décoratif.

« La sculpture en pâte sur pâte, même lorsqu'elle est aussi bien interprétée,
peut devenir monotone. La Direction actuelle l'a compris, et a cherché à
donner une note plus colorée aux pièces exécutées par ce procédé, en ajoutant,
après la cuisson au grand feu, l'intervention des couleurs de moufle.

« La caisse à fleurs, sur laquelle se déroule une branche de sorbier soutenant un geai aux ailes ouvertes qui cherche à atteindre des grappes de fruits d'un beau rouge colorés au grand feu par du rubis artificiel, obtient son maximum d'effet en se détachant sur un fond jaune d'urane posé, après coup, au feu de moufle.

« D'autres vases, comme le vase Socibius, les vases chinois décorés de pâtes rapportées et rehaussés de fond pourpre obtenu par le précipité de Cassius, de fond orange par les oxydes de fer et d'antimoine, de fond jaune par l'oxyde d'urane, sont la preuve du parti que l'on peut tirer de ces couleurs d'application, venant rompre la monotonie des fonds céladon, ou ajouter des effets de peinture au feu de moufle à ceux déjà obtenus par le grand feu.

« Les vases en porcelaine blanche décorés de peintures au feu de moufle ou au demi-grand feu font voir que, malgré la tendance actuelle, cet art n'est pas dédaigné à Sèvres ni près d'y être négligé.

« Le vase de Nîmes, décoré par M. Bulot d'une double spirale de vignes et de glycines chargées de leurs grappes de fruits et de fleurs qui se détachent sur le fond d'un blanc pur, en est un des plus remarquables spécimens.

« Moins heureuses sont les peintures faites sur des cartouches qui s'enlèvent sur des fonds de couleur plus foncée en détruisant la forme sans faire valoir la composition. Nous préférons de beaucoup le sentiment décoratif du vase cylindroïde à fond jaune citron de M. Barriat, qu'il a su rendre inté ressant avec des enfants tenant en mains des plumes de paon, ou celui de M. de Courcy, peint en camaïeu sur fond pourpré.

« D'autres vases de moindre importance, ornés de fleurs ou de figures nuancées avec goût, font honneur aux artistes et au chef des ateliers de peinture, M. Barré.

« Sèvres expose encore un certain nombre de pièces de petite dimension, où le précieux du travail s'accentue avec l'exiguïté de la forme. La coupe Henri II, au fond jaspé décoré d'enroulements en pâte blanche sous couverte bleu lapis, fait songer à ces coupes taillées dans une pierre précieuse qui font l'ornement des vitrines de la galerie d'Apollon.

« Très-remarquables encore sont les petites jattes, dont les fonds découpés à jour à la manière chinoise sont remplis d'émaux au grand feu dont la coloration s'accentue par la transparence, et les nombreuses petites pièces d'étagères d'une finesse d'exécution qui défie la critique.

« Les pièces en pâte tendre sont plus rares, mais quelques-unes présentent des effets nouveaux et intéressants à signaler.

« Le vase Paris, dont le fond blanc réticulé de bleu turquoise est décoré de fleurs, et papillons du même ton rehaussé d'or, est un objet d'une rare élégance. Il montre, avec les vases reticulés blanc ou dorés sur un réticulé saillant, et décorés d'émaux en relief, le parti qu'on peut tirer de ce procédé, dû à M. Goddé. D'autres petits vases à couvercle, dits *tasses à la reine*, ornés de feuillages ou de rinceaux en émaux de relief, sont aussi remarquables.

« Un autre vase Pâris, décoré par Mme Apoil, et sur lequel l'Aurore, tel est le sujet choisi par l'auteur, est représentée par une fraîche figure de jeune fille aux chairs brillantes, perdue dans les vapeurs lumineuses du matin, les fleurs pâles, les herbes légères, est peint dans une gamme harmonieuse et claire qui en fait un véritable chef-d'œuvre de composition et d'exécution.

« Plus rares sont les émaux sur cuivre et sur paillon, à la façon des anciens émaux de Limoges, qui ne sont représentés que par quelques coupes en forme de calice, que M. Gobert a décorées de son pinceau élégant et fécond, et par une grande plaque émaillée sur paillon, représentant la *Foi* d'après Holbein, dont les grandes dimensions font mesurer les difficultés vaincues par son auteur, M. Meyer Heine.

« L'Exposition des Champs-Élysées ne nous présente aucun échantillon de ces services de table, assiettes, coupes, plateaux ou tasses dans la production desquels Sèvres s'est toujours montrée sans rivale, et nous le regrettions, car là aussi son exemple est un enseignement, et nous pouvions craindre que cette partie très-intéressante de sa fabrication fût mise de côté; mais la visite que nous avons faite à la Manufacture nous a rassuré pleinement sur ce point.

« En parcourant les ateliers des pâtes, à la tête desquels se trouve M. Milet, nous y avons vu se reproduire, sous une autre forme, cette tradition du bien associé à la recherche du mieux, qui rend cette fabrication exceptionnelle.

« En voyant apporter dans le moulage d'une assiette, dans son tournage et son calibrage, une entente si raisonnée et si pratique des procédés de fabrication spéciaux à la porcelaine, nous nous prenions à penser combien l'exemple d'un soin si sévère dans les détails du travail, d'une précision qui tend à rivaliser avec la précision mécanique, d'une prévoyance des effets les plus divers et souvent inattendus d'une force aussi terrible que la chaleur du four à porcelaine, combien, disons-nous, cet exemple devait être utile à l'industrie et l'inciter au bien.

« A cette école, en effet, où l'on apprend à ne rien négliger, où l'on est plus sévère pour soi-même que pour les autres, l'ouvrier devient plus consciencieux, et si le public, qui est le souverain juge, éclairé par la comparaison, se montre plus exigeant, l'industriel, stimulé en même temps par la concurrence qui l'oblige à produire vite, s'ingénie, et trouve alors des moyens mécaniques pour satisfaire à cette légitime sévérité.

« Là donc encore, la Manufacture nous offre un exemple digne de méditation, et la Société doit lui savoir gré d'avoir maintenu intactes ses traditions de bonne fabrication courante et, par une pratique constante des méthodes les plus précises, d'avoir conservé pure la source où s'inspire l'industrie privée.

« Il en est de même de son laboratoire, dont notre collègue M. Salvetat est le chef depuis trente-trois ans; qu'il me permette, malgré sa présence, de rappeler ici le souvenir des brillants travaux auxquels l'avaient associé ces savants illustres, Brongniart, Ébelmen, et M. Victor Regnault, dont il fut tour à tour le collaborateur.

« C'est là, en effet, que les poteries de tous les temps et de tous les peuples, les procédés anciens, les découvertes nouvelles, discutées, contrôlées, éclairées par les savantes recherches d'Alexandre Brongniart, furent résumés par lui dans son remarquable Traité des arts céramiques.

« C'est là que les procédés de fabrication de la porcelaine chinoise et ses colorations merveilleuses, dues souvent au hasard, mais observées et reproduites avec cette patience et cette sagacité dont les peuples de l'extrême Orient sont capables à défaut de science, analysés, étudiés avec les méthodes scientifiques les plus précises, sont entrés dans le domaine de la pratique.

« C'est là que les magnifiques travaux d'Ébelmen sur la cristallisation par voie sèche des minéraux, et la synthèse des gemmes et des pierres précieuses, ont trouvé une application dans la fabrication des pâtes changeantes.

« C'est là que M. Victor Regnault, généralisant ces méthodes qui, du temps d'Ébelmen, n'étaient qu'à l'état d'essais, a développé la fabrication des pâtes colorées, l'application en grand des chromates artificiels, la production des pièces sculptées en pâte sur pâte, et enfin a exécuté le coulage des grandes pièces par la méthode de l'air comprimé ou raréfié, secondé par l'habile collaboration du chef de l'atelier des pâtes, M. Milet.

« C'est dans ce laboratoire de la Manufacture que les industriels peuvent trouver, à coup sûr, les renseignements techniques les plus complets, connaître la composition des matières premières servant à leur fabrication, de leurs pâtes, de leurs couleurs, de leurs émaux, par des analyses précises.

« C'est là qu'est né cet enseignement théorique, professé par Ébelmen au Conservatoire des arts et métiers, et que sa mort prématurée vint interrompre au milieu du plus brillant succès.

4

« C'est là, enfin, que M. Salvétat a recueilli et coordonné les éléments des leçons qu'il professe à l'École centrale, où se forment ces jeunes ingénieurs qui vont porter dans l'industrie les méthodes les plus perfectionnées et l'esprit de recherches développé par l'exemple, et encouragé par le succès de leurs devanciers.

« Il n'est pas inutile de rappeler ici que la Manufacture de Sèvres fut aussi la première usine où l'on ait demandé à l'analyse chimique la composition des matières premières employées à la fabrication, où le produit, toujours constant par sa beauté et sa perfection, était dû à l'élaboration de matières variables, mais dont l'analyse avait, dès leur entrée dans l'usine, déterminé la véritable nature et la part d'action qui leur incombait dans le résultat final.

« C'est par la précision de leurs travaux que M. Salvétat, et ses prédécesseurs, Laurent, Malaguti, Ch. Marignac, ont conservé à la fabrication de la Manufacture cette constance de production qui en fait un de ses plus grands mérites.

« Et si, tournant nos regards vers les beaux produits exposés sous vos yeux, nous songeons à tous ceux qui ont concouru à leur exécution, à ce personnel d'artistes praticiens et d'ouvriers spéciaux, dont le mérite consiste dans une habileté qui ne s'acquiert que par une longue initiation des procédés de travail et par l'expérience d'une vie consacrée à un but unique : *la perfection de l'œuvre céramique* ; si nous songeons à cet autre personnel d'élite, artistes dessinateurs, peintres et sculpteurs dont les qualités personnelles se complètent sans s'absorber, formant un ensemble rare, un tout indivisible qui est la Manufacture de Sèvres, nous voyons qu'elle est restée cet atelier exceptionnel où l'artiste, préoccupé, avant tout, du beau, peut mûrir ses conceptions sans penser aux difficultés de la vente ; ce laboratoire des hautes études céramiques, où toute découverte peut recevoir la sanction éclairée de l'essai scientifique et de l'expérience industrielle ; cette école du progrès, enfin, où l'industrie française doit trouver les renseignements utiles à son perfectionnement, sans craindre d'y rencontrer une rivale.

« C'est avec le concours de ce personnel émérite, imbu de fortes et saines traditions, que M. Robert, artiste attaché, depuis de longues années, à la Manufacture comme chef de l'atelier des peintres, et devenu, depuis 1871, son Administrateur, a voulu montrer que tel était toujours le rôle de Sèvres, et que ses artistes étaient bien préparés pour produire les grands effets décoratifs qu'une éducation nouvelle fait rechercher au public, devenu plus instruit et plus difficile.

« Aujourd'hui, en effet, que les Expositions rétrospectives, et surtout celle de l'Art oriental organisée, en 1869, par les soins de l'Union centrale, ont entraîné le goût du public vers un genre de décoration plus ample et plus élevé, moins préoccupé de la finesse des détails que des effets d'ensemble, un sens décoratif nouveau s'est développé, et a porté les esprits vers une entente plus large de la décoration et de l'ornement.

« Aussi M. Robert a-t-il pensé que le moment était venu de faire sortir la Manufacture de l'exécution précieuse des détails qu'elle demandait au talent de ses artistes, et sans abandonner les effets délicats dus à des pinceaux élégants, qui ont fait depuis longtemps sa réputation, de la faire entrer dans cette voie nouvelle. »

« D'ingénieuses imitations de marbre et de jaspe qui conviennent si bien à une matière dure et inaltérable comme la porcelaine.

« Des fonds vermiculés ou mouchetés faisant vibrer la lumière sur cette pâte d'un blanc si homogène et si brillant.

« Des fleurs ornementales dessinées et peintes avec un goût très-pur, montrant tout l'effet que peut produire une œuvre purement décorative;

« Des couleurs d'application venant rompre la monotonie du fond céladon, ou donner un accent plus vif à la sculpture en pâte sur pâte;

« Des pâtes tendres, blanches ou colorées, décorées d'émaux en relief ou revêtues d'un réticulé saillant relevé par des décorations d'une rare élégance, prouvent que le résultat a été à la hauteur de l'effort qu'il avait tenté.

« La Manufacture a montré là, qu'elle savait se plier aux exigences du public et marcher avec le développement des idées de son temps, en se servant de ses procédés ou de leurs perfectionnements, pour imprimer aux œuvres qui sortent de ses ateliers le cachet de l'époque de leur fabrication, fidèle en cela à sa tradition séculaire qui en a toujours fait le miroir où se reflétaient les mœurs et le goût dominant.

« On en peut voir la trace dans la série de dessins remontant aux premiers temps de la Manufacture, que M. Robert a eu l'heureuse pensée de mettre sous les yeux du public, et dont l'examen offre une étude intéressante des influences qui prévalurent à ces différentes époques, et des noms d'artistes célèbres qui ne dédaignèrent pas de prêter à Sèvres le concours de leur talent.

« Une série plus complète eût permis, peut-être, de saisir le fil qui les relie, et de faire sentir l'influence que, de nos jours, des artistes de grande valeur, comme les Klagmann, les Feuchères, les Chenavard, les Hamon, les Gérôme, les Diéterle, ont exercée sur les produits sortis de la Manufacture.

« Aussi, est-ce en attirant depuis longtemps à elle les artistes du dehors, que Sèvres a réussi à donner une note absolument personnelle à ses créations; c'est en se les attachant par une interprétation hors ligne de leurs œuvres qu'elle a vu s'agrandir son domaine et étendre son influence.

« Si nous croyons devoir insister sur cet exemple donné à l'industrie privée, et sur le bien qui en résulterait pour nos industries d'art, c'est que nous sommes profondément convaincu que le moment est venu de ne point séparer les artistes, architectes, peintres ou sculpteurs, de ce que l'on est convenu d'appeler les artistes industriels, et de leur demander à tous une intervention plus directe et plus fréquente dans la production artistique de nos industries.

« En cela, ils ne feraient que continuer les traditions des grandes époques de l'Art grec et de la Renaissance, où le sculpteur Phidias guidait une pléiade d'artistes et des maîtres ouvriers excellant à chaque ouvrage, en leur fournissant des modèles; où le peintre Zeuxis ne dédaignait pas de tracer des compositions sur les vases de la céramique la plus ordinaire; où Raphaël peignait les admirables cartons qui servirent à exécuter les tapisseries qui décorent le Vatican; où Nicolas Poussin ne croyait pas déroger en dessinant des frontispices pour des belles éditions sorties de l'imprimerie royale du Louvre; où, de nos jours, enfin, Ingres exécutait les cartons des vitraux d'une chapelle royale; montrant ainsi que la recherche d'une œuvre décorative est capable de satisfaire les ambitions les plus élevées.

« Que nos peintres en renom, si habiles à restituer les intérieurs du passé, si ingénieux à grouper dans un harmonieux ensemble des costumes éclatants, les tapisseries aux tons sourds, les bronzes aux reflets dorés, les porcelaines aux vives couleurs, s'arrachent un instant à leurs travaux de prédilection et cherchent à créer, pour notre temps, des types que leurs études et leur expérience les ont admirablement préparés à produire! N'y aurait-il pas dans cette entreprise un honneur suffisant?

« Et si l'étude de la forme d'un beau vase, de son décor justement approprié à sa destination ne tentait pas leur talent, l'honneur de se savoir interprété et traduit par un personnel aussi habile ne serait-il pas une excitation suffisante à entrer dans cette voie? Et combien serait grand alors, pour l'industrie privée, l'exemple qui viendrait de si haut!

« Si nos produits d'art doivent prospérer, si les efforts qui sont tentés de tous côtés, aussi bien par les encouragements de l'État que par l'initiative privée, doivent aboutir à assurer à notre pays une prééminence que les peuples voisins lui envient et travaillent à lui enlever, ne serait-ce pas un devoir patriotique, pour tous nos artistes, d'étendre et d'agrandir ce mouvement en fournissant à l'industrie des modèles qui répandraient leurs noms, en multipliant leurs œuvres?

« Déjà des artistes de talent l'ont tenté avec succès, et des peintres de mérite sont devenus potiers habiles. Les productions originales de MM. Laurent-Bouvier et Michel Bouquet, que montrait, il y a peu de jours encore, l'Exposition de l'Union centrale, disent assez haut que nous ne faisons pas un vœu stérile, et que le succès attend ceux qui, fortement préparés par leurs études ou leurs goûts, voudront faire profiter le plus grand nombre de leurs travaux.

« C'est en attirant de plus en plus les artistes de valeur, les décorateurs habiles, que la Manufacture verra s'augmenter sa renommée ; c'est en s'inspirant des types que nous fournissent les produits des Orientaux, nos maîtres en céramique, comme dans toutes les industries d'art.

« C'est en laissant de côté ces reproductions de tableaux, qui, malgré leur mérite, n'étaient que d'inutiles tours de force, mais au contraire, en demandant à ses artistes des productions vraiment originales et judicieusement adaptées à la matière qu'ils veulent mettre en valeur.

« C'est en ouvrant des voies nouvelles aux arts céramiques, soit en développant des fabrications qu'elle avait déjà entreprises avec succès comme la faïence et la peinture sur verre, soit en introduisant dans notre pays la pratique d'un art essentiellement décoratif, dont M. Ch. Garnier vient de montrer les immenses ressources, en demandant à l'Italie d'habiles mosaïstes pour exécuter les plafonds de l'admirable monument qu'il achève, aux applaudissements de tous.

« C'est en n'abandonnant aucune de ses tentatives, mais en marchant toujours en avant, que la Manufacture conservera sa vraie tradition, conforme en cela à notre génie national, qui est de dominer par les droits de l'invention, du goût et de l'intelligence.

« L'étude que nous avons faite des produits que Sèvres expose cette année nous confirme dans l'opinion que nous émettions au début de ce Rapport, que cette Manufacture, qui depuis un siècle a appliqué ses forces vives à l'étude, à la mise en œuvre et à la décoration d'une matière si belle et si utile, avait su conserver intacts les principes d'art et de goût qui ont fait la réputation d'un produit éminemment national.

« Les étrangers l'ont reconnu depuis longtemps, et l'ont proclamé plus d'une fois ; aussi le rapport du Jury anglais pouvait dire justement après l'Exposition de 1851 :

« Considérée comme une École dont le but est, non de suivre, mais de gui-
« der le goût public, c'est un établissement dont l'importance peut être gran-
« dement appréciée. Son influence s'est étendue sur toute l'Europe, et une
« grande partie des plus belles formes et des plus riches décorations exposées
« soit par l'Angleterre, soit par les autres nations, dérivent, ou par imitation
« directe ou par de légères modifications, des produits de la vieille École de
« Sèvres. »

« Nous affirmons de nouveau ce jugement, et nous proposons au Conseil
de remercier M. le Directeur des beaux-arts d'avoir organisé une Exposition intéressante qui nous a fourni l'occasion d'étudier les produits d'une
Manufacture remarquable à tant de titres, et de féliciter son éminent Administrateur, M. Louis Robert, qui, bien préparé par la connaissance intime des
progrès accomplis par ses illustres prédécesseurs, a su marcher en avant, et
frayer ainsi une voie nouvelle aux décorateurs de demain.

« Nous n'oublierons pas non plus les chefs de ces ateliers célèbres, ces artistes de talent, ces praticiens de mérite qui, préférant leur modeste situation
aux brillantes séductions de l'industrie étrangère, considèrent que pour eux
l'honneur est assez grand, si l'on sait qu'ils appartiennent à la Manufacture
de Sèvres, et nous vous demandons, en les confondant dans un même éloge,
de conserver le souvenir de cette Exposition dans nos Archives en insérant le
présent rapport au *Bulletin*. »

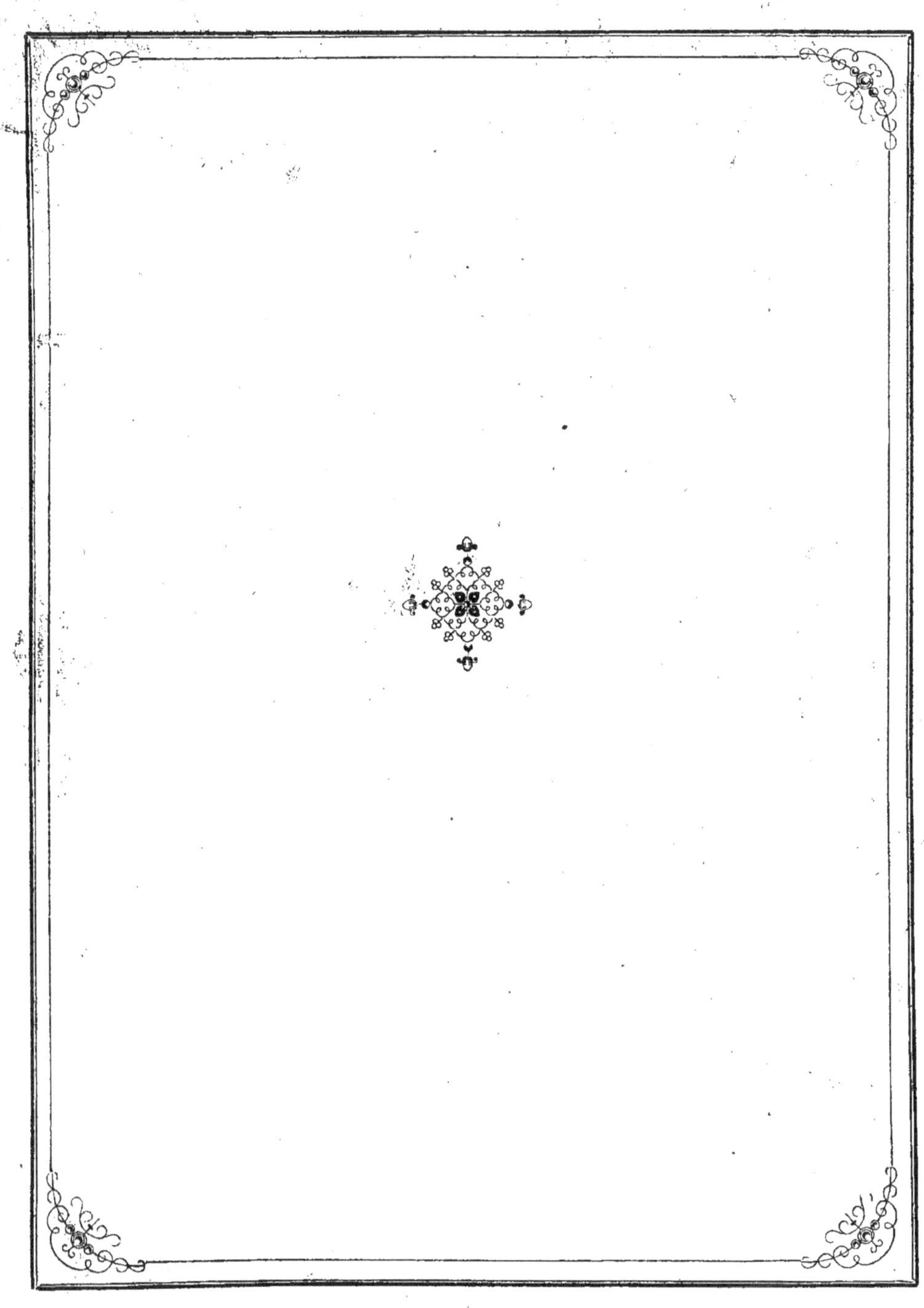